7
Lk 996.

MONUMENT

DE

Pierre-Paul Riquet.

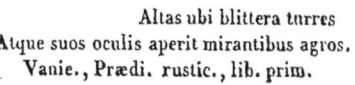

Pose de la première Pierre.

Altas ubi blittera turres
Atque suos oculis aperit mirantibus agros.
Vanie., Prædi. rustic., lib. prim.

MONUMENT
de Pierre-Paul Riquet.

Pose de la première Pierre.

Le 15 Mars 1835, M. Domairon lut à la Société Archéologique de Beziers un mémoire sur l'époque précise où le Canal du Languedoc fut livré à la navigation, et sur les fêtes qui signalèrent le premier passage de la barque royale à Beziers. Il fut délibéré à l'unanimité que ce mémoire serait imprimé; et, sur la proposition de M. Domairon et de M. Azais, Président de la Société, une Commission fut nommée pour aviser aux moyens d'élever une statue à PIERRE-PAUL RIQUET.

Le 14 Avril suivant, une souscription fut ouverte par la Société Archéologique.

Cette souscription ayant produit environ vingt-huit mille francs, la Société Archéologique s'occupa des moyens d'exécuter son projet. Elle obtint le concours du Conseil Municipal de la ville de Beziers, fit lever un plan, l'envoya avec un Mémoire à M. le Ministre de l'Intérieur; son plan fut approuvé, et une Ordonnance Royale du 9 Avril 1836 l'autorisa A ÉLEVER UNE STATUE EN BRONZE EN L'HONNEUR DE PIERRE-PAUL RIQUET, AUTEUR DU CANAL DES DEUX-MERS.

La Société Archéologique s'adressa alors à M. David, statuaire à Paris, membre de l'Institut, chevalier de la Légion-d'Honneur ; et tandis que la statue de Pierre Corneille avait coûté trente-sept mille sept cents francs à la Société Libre d'Émulation de Rouen, ce célèbre artiste consentit à exécuter pour trente-deux mille francs la statue de PIERRE-PAUL RIQUET, ayant le poids et la hauteur de celle de Pierre Corneille.

Plus tard, le Conseil Municipal de Beziers ayant souscrit pour six mille francs, le Conseil général du Département pour cinq mille francs et M. le Ministre de l'Intérieur pour deux mille francs, la Société Archéologique a cru que le moment était arrivé de poser la première pierre du Monument qu'elle a voté.

Le 19 Septembre 1836, sont arrivés à Beziers M. le Lieutenant-Général baron Durrieu, commandant la neuvième division militaire ; M. Joseph Floret, Préfet du département de l'Hérault, et Monseigneur Thibaut, Évêque de Montpellier, qui, sur l'invitation que leur avait faite une députation de la Société Archéologique, avaient bien voulu se charger de présider à la cérémonie.

Le même jour, sont aussi arrivés à Beziers M. le Duc de Caraman, Pair de France, ancien ambassadeur de France à Vienne ; M. le Comte de Villeneuve d'Hauterive ; M. le Comte de Pins de Voisins ; M. Domezon, tous les quatre membres de la famille PIERRE-PAUL RIQUET, et M. Magués, ingénieur en chef du Canal des Deux-Mers.

La pose de la première pierre, fixée au lendemain 20 Septembre, a été annoncée par onze coups de canon, par les cloches de l'église Saint-Nazaire sonnant à toute volée, et par de nombreuses sérénades données par la musique de la ville.

Le 20, à dix heures du matin, M. le Maire de Beziers, le Conseil Municipal et la Société Archéologique, accompagnant M. le Duc de Caraman, MM. les Comtes de Villeneuve et de Pins, et M. Domezon, et ayant à leur tête deux des présidens de la cérémonie, savoir : M. le Lieutenant-Général Durrieu et M. le Préfet de l'Hérault, auxquels s'était joint M. le Sous-Préfet de Beziers, se sont rendus à l'église Saint-Nazaire, précédés de la musique de la ville et de celle du 12.ᵉ Régiment de Chasseurs à cheval, escortés par un escadron de lanciers du même Régiment, et suivis de toutes les personnes invitées, notamment de M. le Lieutenant-Colonel *, de messieurs les Chefs d'escadron, et de messieurs les Officiers du 12.ᵉ Régiment. Monseigneur Thibaut a dit la messe ; après quoi, il a, dans un discours qui a charmé et édifié son nombreux auditoire, rattaché à la Religion l'hommage qui allait être rendu à la mémoire de Pierre-Paul RIQUET.

Le cortége s'est ensuite dirigé vers le lieu où la première pierre devait être posée. Sa marche a été retardée par un concours immense de spectateurs qui encombraient toutes les rues et places publiques. Il n'est arrivé sur les fondations qu'à une heure après midi.

M. Azaïs, membre du Conseil Municipal et Président de la Société Archéologique, à qui la truelle a été remise, l'a présentée à M. le Préfet, et l'a prié de poser lui-même la première pierre. M. le Préfet l'a, en effet, posée et a dit :

« Messieurs,

« Le Canal des Deux-Mers, l'ouvrage le plus considérable
« et le plus parfait qui existe en architecture hydraulique,
« entrepris en 1666, fut livré à la navigation en 1681.

« Depuis plus d'un siècle et demi, cette merveilleuse ri-
« vière, création du génie de l'Homme, versait dans nos
« provinces méridionales d'incalculables richesses ; et rien
« encore n'avait été fait pour honorer la mémoire de son
« auteur.

« Mais si la reconnaissance des peuples est quelquefois
« tardive, celle-là du moins est la mieux méritée et la plus
« juste dont la voix s'élève long-temps après qu'ont vécu les
« hommes qui en sont l'objet.

« Tel est le caractère de celle dont le Monument qui se
« prépare portera témoignage ; reconnaissance commandée

---

* M. Dupleix, Colonel, était momentanément absent par congé.

« par des bienfaits qui durent depuis bien des années, et qui
« renaissent chaque jour avec la prospérité du pays.

« Mais encore, il le faut reconnaître, le temps est à peine
« arrivé où nos populations pouvaient avoir conscience de ce
« qu'elles doivent à l'auteur du Canal du Midi, où leur re-
« connaissance pouvait se manifester par des témoignages
« unanimes et populaires. La statue ne pouvait être érigée,
« lorsque Colbert mourait dégoûté du service de son maître
« et que son cercueil était insulté, ni dans les temps posté-
« rieurs, époque de guerres et de discordes civiles ; elle ne
« pouvait l'être que dans cette ère de paix et de travail dont
« nous voyons les premiers jours, et où la meilleure manière
« de s'illustrer sera d'être utile aux hommes.

« Cette illustration, RIQUET l'a acquise à une époque où
« le génie de l'homme devait encore s'appliquer à la guerre.
« Il a devancé le siècle où nous vivons ; et c'est notre généra-
« tion qui, la première, pouvait avoir la pensée d'honorer
« sa mémoire.

« Honneur donc à PIERRE-PAUL RIQUET !

« L'homme a été placé sur la terre pour la conquérir par
« le travail, pour y utiliser à son usage les forces de la na-
« ture : c'est la tâche qui lui fut imposée dès le commence-
« ment des choses, c'est la fin vers laquelle l'humanité a
« tendu après bien des siècles d'épreuve, et qu'elle semble à
« peine commencer à comprendre, aujourd'hui que le travail
« n'avilit plus, mais, au contraire, ennoblit.

« Heureux ceux qui, dans l'accomplissement de cette tâche
« immense, peuvent marquer leur participation par une
« œuvre pareille au Canal du Midi, pareille à l'invention des
« machines à vapeur ! Leur nom restera en vénération parmi
« les hommes et grandira avec les progrès de l'industrie et de
« la civilisation.

« Honneur à PIERRE-PAUL RIQUET ! Honneur aux hommes
« utiles ! »

M. Azaïs, au nom de la Société Archéologique et de la
généralité des habitans de Beziers, a dit :

« MESSIEURS,

« Le Monument qui est élevé à la mémoire de PIERRE-

« Paul RIQUET, est d'autant plus honorable pour lui, que
« ce n'est que cent cinquante ans après sa mort, que nous en
« posons la première pierre. Elle est sans doute bien solide
« cette gloire que près de deux siècles n'ont point usée, et
« qui, après un si long terme, obtient l'hommage le plus
« solennel de la reconnaissance publique.

« Le Canal du Midi, exécuté sans modèle (car qu'était-ce
« que le canal de Briare qui, joignant la Loire à la Seine, et
« ne se recommandant par le mérite d'aucune difficulté vain-
« cue, n'a qu'une longueur de dix lieues), le Canal du Midi
« a été le type de tous les canaux qui ont été exécutés plus
« tard en France et en Angleterre. L'homme qui le créa fut
« du petit nombre de ces hommes de génie que la Providence
« semble envoyer de loin en loin au monde pour combler, si
« je puis m'exprimer ainsi, les lacunes de la création. Si nous
« ne trouvons pas, en effet, le cachet du génie dans une
« conception originale et hardie, fondée sur de vastes aper-
« çus, sortie victorieuse de la grande épreuve de l'exécu-
« tion, suivie d'immenses, d'utiles résultats, et sanctionnée
« par de nombreuses imitations ; où le trouverons-nous ?

« C'est au commencement du dix-septième siècle que
« Pierre-Paul RIQUET naquit au milieu de nous ; et ce qu'il
« y a de bien remarquable, c'est que ce même siècle nous
« donna Jean Boscager, Pierre Andoque, les deux frères
« Esprit, le père Vanière, Daniel Galtier, Paul Pélisson,
« le père Gonet, le père Cléric, Jean Barbeyrac, Jacques
« Lazerne, Jean Bouillet et Mairan. Ces illustres contempo-
« rains se groupent autour de Pierre-Paul RIQUET, mais
« leur gloire pâlit devant l'auréole qui ceint la tête d'un
« bienfaiteur de l'humanité.

« Jouissez de la gloire de votre aïeul, augmentée de celle
« que vous acquîtes vous-même dans les plus hautes mis-
« sions de la diplomatie, noble descendant de Pierre-Paul
« RIQUET qui, ne cessant de perfectionner son ouvrage,
« vous en êtes, pour ainsi dire, approprié la création.

« Et vous qui nous faites l'honneur de présider à cette
« cérémonie, brave Général qu'a immortalisé la belle défense
« de Glogau ; magistrat aussi laborieux que judicieux et

« éclairé, qui ne cessez de consacrer vos veilles au bonheur
« de vos administrés ; digne Prélat qui, jeune encore, mé-
« ritez, par vos lumières et vos vertus, le respect que n'ob-
« tient pas toujours la vieillesse, recevez nos remercîmens
« et agréez les témoignages de notre reconnaissance. »

M. Ferdinand Debès, membre du Conseil général du Département, au nom du Commerce de la ville de Beziers, a dit :

« Messieurs ,

« Le culte des grands hommes a existé chez tous les peu-
« ples. La reconnaissance l'a fondé, la raison l'a adopté. En
« effet, quel mobile plus capable d'inspirer des pensées
« élevées, d'enfanter de belles actions !

« Entre toutes les nations, la France si généreuse, si sen-
« sible à la gloire, s'est montrée empressée d'honorer la
« mémoire de ceux de ses enfans qui se sont rendus recom-
« mandables par leurs exploits, la supériorité de leur intel-
« ligence, ou des travaux éminemment utiles, conceptions
« du génie. A ce dernier titre, qui mieux que Pierre-Paul
« Riquet mérite les hommages de ses concitoyens ? D'au-
« tres renommées ont plus d'éclat peut-être ; aucune n'est
« plus justement acquise.

« Au nom du Commerce, je viens déposer un tribut de
« reconnaissance au pied du Monument que notre cité, trop
« long-temps oublieuse, élève enfin au Créateur du Canal des
« Deux-Mers. Sans moyens d'exporter les produits de son sol,
« notre beau pays languissait au milieu de ses élémens de
« richesses ; les terres, sans valeur, étaient délaissées par
« le cultivateur. L'immortelle pensée d'un homme porte tout-
« à-coup la vie et la fertilité dans nos campagnes. Le com-
« merce prend un essor qu'il n'aurait osé rêver, et un ère
« de prospérité commence pour Beziers.

« Honneur donc à RIQUET ! Que le bronze perpétue son
« image, et que les siècles futurs apprennent le bienfait et
« le souvenir que nous en avons conservé. »

M. Gurriet, ouvrier en plâtre, entouré d'une députation des ouvriers et artisans de la ville, a dit :

« Quiconque a bien mérité des hommes pendant sa vie,

« doit être honoré après sa mort. L'hommage qui est rendu
« à la mémoire de Pierre-Paul Riquet est juste ; les ou-
« vriers et artisans de la cité y adhèrent ; et je me tiens heu-
« reux d'être chargé d'exprimer leur adhésion. Honneur à
« Pierre-Paul Riquet ! honneur à ses descendans ! hon-
« neur à la ville qui l'a vu naître ! »

M. Charles Bautou, cultivateur, entouré d'une députation des cultivateurs de la ville, a dit :

« Messius,

« Naoutrés paysans sén pas fors pér blaga, mé aben l'aï-
« nat*. Sentissen for pla qué sé moussu RIQUET (daban
« Dious siague !) abio pas traouquat Malpas**, et fax da-
« bala las aïgos d'en sus pér las éclusos dé Founséranos, à
« qui ount y a dé soucados de tarrex, d'aramouns et dé
« calignanos qué foou baba dé beire, y aurio pas qué dé
« mouxés, dé caoussidos et dé rabusclés. N'aurian pas, pla
« ségu, tan de bignos à Mountimas***, et gastarian pla mens
« dé ferre qu'oun né gastan.

« Moussu dé Caraman, bous qué sés lou digné éfan d'un
« tan gran payré, permetès as paysans dé Bésiés dé bous
« souhata, à bous et as bostrés, autan dé prouspéritat qué
« bostré ancien n'a dounat an aquesté pays.

« Messius dé la souciétat doun podi pas trouba lou noun,
« car on dirio qu'abés fax esprés de lou pla rambouilla, bous
« remercian de la péno qué prénés pér fa randre al gran
« RIQUET un ounou qu'y éro pla dégut. Escoutés pas lous
« roundino-pa-caout****; anas bostré trin : aurés bostro
« part de nostro récouneissenso*****. »

* *L'aïnat*, l'aîné. On appelle ainsi à Beziers le *bon sens* qui tient en effet le premier rang dans l'ordre des qualités dont il importe à l'homme d'être doué.

** *Malpas*. C'est le nom de la montagne que fit percer RIQUET pour y faire passer le Canal du Languedoc.

*** *Montimas*. Partie du territoire de Beziers où les cultivateurs possèdent beaucoup de vignes.

**** *Lous roundino-pa-caout*, Ceux qui se fâchent de ce que le pain est tendre, les grogneurs, en d'autres termes, ces esprits mal faits qui trouvent mal ce que les autres trouvent bien.

***** Voici la traduction de ce qui a été dit par monsieur Charles Bauton:

A deux heures de l'après midi, Carrousel sur la place de la Citadelle, exécuté par MM. les Sous-Officiers du 12.ᵉ Régiment.

La *lice* ou *carrière* était formée par des pieux fichés en terre, et entrelacés de cordes. Un amphithéâtre où étaient placées toutes les personnes invitées, s'élevait sur une des faces de la lice. Sur la face opposée s'élevait un autre amphithéâtre où étaient placés MM. les musiciens du 12.ᵉ Régiment, formant l'*harmonie* militaire du Carrousel. On remarquait sur les quatre faces de la lice plusieurs rangs de dames élégamment parées. La place de la Citadelle était remplie de spectateurs ; toutes les fenêtres étaient occupées ; et ne pouvant se placer ailleurs, une foule de personnes s'étaient établies sur les toits des maisons voisines.

La *comparse*, ou entrée des quadrilles dans la lice, dirigée avec une rare intelligence par M. le Capitaine d'Escoubés, mestre-de-camp du carrousel, a été parfaitement exécutée. Les chevaliers, lance en main, ont fait le tour de la lice, et chacun, en passant devant le principal amphithéâtre, a baissé sa lance.

Les chevaliers ont d'abord figuré le combat des lances * ;

« Nous paysans ne sommes pas forts pour babiller, mais nous avons du bon
« sens. Nous concevons fort bien que si RIQUET (Dieu veuille avoir son
« âme !) n'avait pas, en perçant Malpas, fait descendre les eaux du Haut-
« Languedoc par les écluses de Fonseranes, là où nos yeux se reposent agréa-
« blement sur des monceaux de raisins, nous ne verrions que des bruyères
« des ronces et des chardons. Nous n'aurions pas certainement autant de vignes
« à Montimas, et nous gâterions bien moins de fer que nous n'en gâtons.

« M.ʳ de Caraman, qui êtes le digne rejeton d'un homme aussi illustre,
« permettez aux paysans de Beziers de vous souhaiter, à vous et aux vôtres,
« autant de prospérité que votre aïeul en a donné à notre pays.

« Messieurs de la Société dont je ne puis trouver le nom, car on dirait que
« vous avez pris à tâche de le bien embrouiller, nous vous remercions de la
« peine que vous prenez pour faire rendre à l'immortel RIQUET un hommage
« qui lui était bien dû. N'écoutez pas les grogneurs ; allez votre train : vous
« aurez votre part de notre reconnaissance. »

* Autrefois, dans les Carrousels, le combat des lances était un combat réel. Mais, depuis la mort de Henri II, qui fut blessé mortellement d'un éclat de lance par le comte de Montgommeri, on se borne à figurer ce combat.

ils ont ensuite couru la bague, puis ils ont couru les têtes. Après un moment de repos ils ont lancé le dard, et ont terminé le carrousel *en faisant la foule* *.

MM. les sous-officiers du 12.ᵉ régiment ont fait preuve d'une admirable dextérité. Ils ont été vivement et unanimement applaudis à plusieurs reprises ; et M. le général Durrieu leur a témoigné hautement sa satisfaction. Le carrousel a amusé singulièrement les spectateurs, et leur a prouvé que l'Archéologie peut faire passer quelquefois d'agréables momens.

A six heures, un banquet a eu lieu dans la grande salle de l'ancien évêché. La colonne de Naurouse, exécutée en sucrerie et pâtisserie, était placée au devant de M. le Duc de Caraman.

Deux toasts ont été portés,

L'un : A la mémoire de Pierre-Paul Riquet.

L'autre : A notre Roi, au Roi des Français, a la dynastie élue en 1830 **.

Ce banquet a été donné à M. le Duc de Caraman, à MM. les Comtes de Villeneuve et de Pins et à M. Domezon par M. le Maire de Beziers, par le Conseil municipal, et par la Société Archéologique. Parmi les membres du Conseil municipal, présens au banquet, on remarquait M. Ferdinand Debés, M. Lagarrigue, M. Bertrand et M. Donnadieu, notaire. Parmi les membres de la Société Archéologique, on remarquait M. de Lunaret, Conseiller à la Cour Royale de Montpellier, M. Victor Bessin, Sous-Préfet à Beziers, et M. Bouisson, Sous-Préfet à Saint-Pons.

Les personnes invitées qui ont assisté au banquet sont M. le Lieutenant-général Durrieu, M. le Préfet de l'Hérault,

---

* *La foule* est une course de tous les chevaliers les uns après les autres sans interruption, ce que les Italiens appellent *far la fola* ; et c'est par là que finissent ordinairement toutes les courses. Voyez le Dictionnaire de Moreri, au mot *Carrousel*.

** Avant de porter ce dernier toast, M. le Lieutenant-Général Durrieu s'est exprimé en ces termes : *Messieurs, nous venons de porter un toast, bien mérité sans doute, à la mémoire d'un grand bienfaiteur de cette contrée, j'ai accepté l'honneur que vous m'avez délégué d'en porter un autre au bienfaiteur actuel de la France.*

M. le Lieutenant-Colonel de Vimeu, M. le Chef d'escadron Carrière, commandant de la place, M. de la Rouge Fosse, Chef d'escadron, M. Hix, Major, M. Maguès, ingénieur en chef du Canal des Deux-Mers, M. Benoît capitaine d'état-major, M. le capitaine d'Escoubés, mestre-de-camp du carrousel, M. Jalabert, Président de la Société Archéologique de Narbonne, M. Gurriet, orateur des artisans, et M. Charles Bautou, orateur des cultivateurs.

Vers neuf heures du soir, toutes les personnes qui avaient pris place au banquet se sont rendues à l'Hôtel-de-Ville, où elles ont assisté à un Concert qui a été, on ne peut mieux, exécuté par MM. les Amateurs et Artistes de la ville.

Au Concert a succédé un Bal qui s'est prolongé bien avant dans la nuit. Toutes les Dames de la ville et des environs semblaient s'y être donné rendez-vous; leur toilette était des plus brillantes, et le coup-d'œil du bal était magnifique.

Les fêtes qui ont rempli la journée n'ont été troublées par aucun accident fâcheux. Il y avait tout au moins quarante mille personnes dans la ville. A deux heures après midi, tous les comestibles étaient épuisés. Les boutiques étaient fermées. La joie brillait sur toutes les physionomies: on aurait dit que chaque habitant de Beziers, en fêtant la mémoire du plus illustre de ses compatriotes, célébrait sa propre fête.

On ne saurait trop reconnaître les soins qu'a bien voulu se donner, pour embellir la fête et pour prévenir toute espèce de désordre, M. le Lieutenant-Colonel de Vimeu.

Le surlendemain de la fête, le Président de la Société Archéologique a écrit à M. David la lettre suivante :

« Monsieur,

« Avant-hier nous avons posé la première pierre de notre
« Monument avec une solennité peu commune. Vous en
« verrez les détails dans une brochure que j'aurai l'honneur
« de vous faire passer dès qu'elle aura été imprimée. Je vous
« dirai, en attendant, que la certitude d'avoir dans notre
« ville un chef-d'œuvre émané de vous, a beaucoup influé
« sur la satisfaction que nous éprouvions tous.

« Nous avons ajourné à l'année prochaine, dans le cours
« de Septembre, M. le Duc de Caraman et les autres mem-
« bres de la famille Pierre-Paul RIQUET, pour l'inaugura-
« tion de la statue ; vous n'avez pas, en conséquence, de
« temps à perdre. Vous pouvez vous mettre à l'ouvrage ; les
« fonds sont assurés *, il ne reste qu'à les rassembler pour
« qu'on puisse vous dire dans la police où il faut les prendre.
« Les conventions seront absolument les mêmes que celles
« qui ont été passées, avec vous et avec le fondeur, par la
« Société Libre d'Émulation de Rouen, pour la statue de
« P. Corneille.

« M. Arago, de l'Institut, qui m'a fait l'honneur de me
« voir à son passage à Beziers, m'a dit, et je n'en ai pas été
« étonné, qu'il avait trouvé votre esquisse admirable. M. de
« Caraman nous a expliqué votre conception dans l'ensemble
« et dans les détails, et nous avons vivement partagé l'ad-
« miration dont il est pénétré lui-même. Nous avons l'ima-
« gination vive, nous méridionaux ; et nous avons vu d'ici
« le ravissement qui se peint sur la physionomie de Pierre-
« Paul RIQUET, au moment où il découvre le point de la
« division des eaux. C'est à-peu-près Archimède sortant du
« bain sans s'apercevoir qu'il est nu, et s'écriant à tue-tête :
« *Je l'ai trouvé ! je l'ai trouvé !* Votre idée est sublime.

« Un cri général s'est élevé dans notre Société, et l'obli-
« gation m'a été imposée de vous écrire pour vous prier de
« nous faire jouir d'avance, au moyen d'une esquisse, du
« chef-d'œuvre que nous ne verrons que l'année prochaine.
« Si vous pouvez satisfaire à cette vive impatience, vous
« ajouterez un nouveau titre à la reconnaissance que nous
« vous devons déjà. Vous ne nous refuserez pas cet avant-
« goût de nos jouissances futures.

« Puisque je suis en train de vous faire des demandes, je
« vous demanderai aussi un dessin du piédestal que nous
« nous proposons d'élever incessamment.

« La statue sera posée vers l'extrémité d'une grande

---

* En ce qui concerne la statue, les fonds sont assurés et plus que suffi-
sans ; mais en ce qui concerne le transport de la statue à Beziers, le piédestal
et autres accessoires, il y a encore insuffisance.

— 14 —

« place située elle-même à l'extrémité de la ville. A l'ouest,
« la statue envisagera la ville. Elle aura au nord la grande
« allée d'une promenade assez longue, au bout de laquelle
« passe une route royale. Au sud elle aura un vallon magni-
« fique à l'extrémité duquel on aperçoit à l'œil nu la Médi-
« terranée, éloignée tout au plus de huit ou neuf mille mè-
« tres. Une voie romaine descendant d'une colline assez éle-
« vée, du haut de laquelle le voyageur apercevra RIQUET,
« qu'il ne perdra plus de vue, sera à l'est de la statue.

« Il me semble que, d'après ces données, vous pouvez
« déterminer la hauteur, les autres dimensions, et la forme
« du piédestal d'une statue ayant douze pieds de hauteur, y
« compris la plinthe. Je vous prie en grâce de m'en envoyer
« le dessin, accompagné d'une échelle. M. Deville, M. Arago
« et M. de Caraman m'ont donné de votre obligeance une
« idée telle que je ne crains pas de la mettre à l'épreuve.

« Permettez-moi de féliciter, en finissant, la ville de
« Beziers [*], d'avoir trouvé dans l'homme qui a bien voulu
« se charger de reproduire les traits de PIERRE-PAUL RIQUET
« tous les talens qui constituent le grand artiste, joints à
« une loyauté bien rare par le temps qui court, et à un
« désintéressement qui n'est pas plus commun.

« Agréez, Monsieur, etc. »

---

[*] Ce n'est pas la Société Archéologique, c'est la ville de Beziers qui érige une statue au plus illustre de ses enfans. La Société Archéologique n'est là que pour solliciter et obtenir des fonds, aller à la recherche d'un artiste habile, traiter avec lui, hâter le moment où sera érigée la statue qu'elle a elle-même votée, doter la ville d'une belle place ornée d'un chef-d'œuvre, surmonter les nombreux obstacles qu'on lui suscite en vue d'empêcher l'exécution de son patriotique projet ; faire en un mot, en prenant une peine infinie, ce que sans elle on n'aurait peut-être jamais fait.

BEZIERS, M.me V.e BORY, IMPRIMEUR-LIBRAIRE.

www.ingramcontent.com/pod-product-compliance
Lightning Source LLC
Chambersburg PA
CBHW070545050426
42451CB00013B/3181